AF311943

11 Février 1880.

V

Vente des Mercredi 11 et Jeudi 12 Février 1880

HOTEL DROUOT, SALLE N° 1.

FAIENCES ET PORCELAINES

ANCIENNES

MEUBLES — ÉTOFFES

EXPOSITION PUBLIQUE

Le Mardi 10 Février 1880

DE UNE HEURE A CINQ HEURES

COMMISSAIRE-PRISEUR	EXPERT
M° CH. PILLET	M. CH. MANNHEIM
10, rue de la Grange-Batelière	7, rue Saint-Georges

CATALOGUE

DES

FAÏENCES ET PORCELAINES

ANCIENNES

Faïences françaises et hollandaises:
Porcelaines de la Chine, du Japon, de Saxe et autres:
Bijoux; Objets de vitrine; Verrerie:
Objets variés; Meubles anciens:
ÉTOFFES

DONT LA VENTE AURA LIEU

HOTEL DROUOT, SALLE Nᵒ 1

Les Mercredi 11 et Jeudi 12 Février 1880,

A DEUX HEURES.

Par le ministère de **Mᵉ CHARLES PILLET**, Commissaire-Priseur.
10, rue de la Grange-Batelière,

Assisté de **M. CHARLES MANNHEIM**, Expert,
7, rue Saint-Georges.

Chez lesquels se trouve le présent Catalogue.

EXPOSITION PUBLIQUE, le Mardi 10 Février 1880,

de une heure à cinq heures

CONDITIONS DE LA VENTE

Elle se fera au comptant.

Les adjudicataires payeront *cinq pour cent* en sus des enchères.

L'exposition mettant le public à même de se rendre compte de l'état des objets, il ne sera admis aucune réclamation une fois l'adjudication prononcée.

Paris. — Typ. Pillet et Dumoulin, 5, rue des Grands Augustins.

DÉSIGNATION DES OBJETS

FAIENCES

1 — Grand vase sur piédouche, en faïence de Nevers, à décor bleu.

2 — Autre grand vase en forme de balustre, à décor bleu.

3 — Pièce de surtout en faïence de Nevers, composée d'un personnage sur un dauphin.

4 — Deux pots à eau en vieux Rouen, décor polychrome.

5 — Deux corbeilles ovales en faïence de Strasbourg.

6 — Tirelire en forme de vase, en faïence de Delft, à décor bleu.

7 — Potiche à couvercle, en ancienne faïence de Nevers décor bleu à fleurs.

8 — Porte-huilier en faïence de Strasbourg, à décor en camaïeu carmin.

9 — Grande plaque à contours à décor bleu : Léda.

10 — Grande plaque rectangulaire en faïence, représentant Persée et Andromède.

11 — Garniture de cinq pièces, en faïence de Delft, fond jaunâtre et médaillons de fleurs rouges.

12 — Trois vases, potiche et deux cornets, de même faïence, décor polychrome.

13 — Plat long à contours, en ancienne faïence de Moustiers, à décor, dans le style de Callot, en ocre jaune.

14 — Plat de même faïence, décoré d'un écusson armorié.

15 — Deux petits vases et un cornet en ancienne faïence de Delft, décorés de fleurs et rehaussés d'or.

16 — Petit cartel porte-montre, de même faïence, et également rehaussé d'or.

17 — Porte-pipes à cinq places, sur socle carré, en ancienne faïence de Delft, à décor bleu.

18 — Deux perroquets de même faïence, décor polychrome.

19 — Deux appliques en faïence, à décor bleu, à figures d'enfants.

20 — Coupe ronde en ancienne faïence de Delft, décor polychrome, à fleurs et oiseaux.

21 — Deux autres coupes de même faïence, à décor bleu de style chinois.

22 — Deux jolies jardinières oblongues, en ancienne faïence de Strasbourg, décor polychrome, à fleurs et bords à hachures.

23 — Deux petits plats, en faïence de Rouen, décor à la corne.

24 — Jardinière oblongue et à contours, en ancienne faïence de Marseille, décor polychrome à fleurs.

25 — Deux jardinières oblongues, en faïence, décor polychrome; une à personnages, l'autre à fleurs.

26 — Deux petites jardinières, forme éventail, à deux anses, décor polychrome à fleurs.

27 — Boîte à tabac, en faïence de Delft, à décor bleu. Le couvercle est surmonté d'une figurine.

28 — Deux assiettes de même faïence, décor bleu à armoiries.

29 — Porte-montre en faïence, à branchages en relief.

30 — Deux cornets et une potiche en faïence, à décor bleu.

31 — Deux potiches à décor bleu.

32 — Cornet en faïence de Castel Durante, à médaillons : saints personnages et trophées d'armes sur fond bleu.

33 — Pot à tabac de même faïence, décoré de bustes et de fleurs sur fond bleu ; monture en étain.

34 — Deux flambeaux en faïence de Moustiers, à décor de fleurs, en camaïeu vert.

35 — Porte-huilier en faïence de Rouen, décor bleu et rouille.

36 — Porte-huilier de même faïence, décor polychrome à fleurs.

37 — Plat rond en faïence moderne, de style italien : le Triomphe d'Amphitrite.

38 — Support d'angle, formé d'une tête de chérubin, en terre émaillée.

39 — Deux beurriers, formés d'oiseaux, en faïence de Delft.

40 — Porte-huilier en faïence de Rouen, décor bleu.

44 — Porte-huilier en faïence du midi, décor polychrome
à fleurs.

42 — Quatre saucières en faïence, de diverses fabriques.

43-50 — Vingt-six assiettes en ancienne faïence de Delft,
décor bleu et polychrome. Ce lot sera divisé.

51-52 — Treize plats en faïence de Delft, à décors variés.

53-62 — Soixante-dix-huit pièces diverses, en ancienne
faïence de Delft : vases, potiches, cornets, etc., à décors
variés, bleu et polychrome.

63-66 — Trente-deux assiettes de faïences diverses, à décors variés.

67 — Soupière oblongue et son plat, en faïence du midi,
décorée de fleurs en camaïeu vert.

68 — Coupe oblongue en faïence de Delft, à décor bleu :
fleurs et personnages.

PORCELAINES DE LA CHINE
ET DU JAPON

69 — Grosse potiche à couvercle, en ancienne porcelaine
de Chine, décorée en émaux de la famille verte, à
figures dans un paysage.

70 — Potiche analogue à celle qui précède, mais plus petite.

71 — Potiche sans couvercle, en ancienne porcelaine de
Chine, décorée de dragons et d'oiseaux dans des nuages.

72 — Deux jolies tasses avec soucoupes en porcelaine de
Chine, fond rouge carmin et décor de paysages et
fleurs.

73 — Deux tasses avec soucoupes en vieux chine, à fond
noir et médaillons de fleurs.

74 — Deux vases rouleaux, en porcelaine de Chine, à fond
jaune rehaussé de fleurs et réserves de figures et de
paysages.

75 — Deux figures de femmes japonaises debout, en ancienne porcelaine du Japon.

76 — Deux boîtes rondes à compartiments, en porcelaine
du Japon.

77 — Deux flacons carrés, en ancienne porcelaine de Chine,
décorés de vases de fleurs émaillés en couleur.

78 — Vase en forme de balustre en porcelaine de Chine,
décoré de groupes de fruits émaillés en couleurs.

79 — Vase en forme de rouleau, en porcelaine de Chine,
décoré d'un paysage accidenté, avec personnages.

80 — Deux petits vases forme dite pot à tabac, à côtes, décorés de médaillons de fleurs en bleu, sur blanc.

81 — Deux potiches en ancienne porcelaine du Japon, à décors variés, bleu, rouge, vert, etc.

82 — Deux potiches en ancienne porcelaine de Chine, décor bleu à fleurs arabesques.

83 — Jardinière ronde et profonde en porcelaine de Chine, décorée d'un sujet familier.

84 — Vase forme dite pot à tabac, en ancienne porcelaine de Chine, décoré de fleurs en émaux de la famille rose.

85 — Deux petites potiches en ancienne porcelaine du Japon, décorées de fleurs et d'ornements.

86 — Deux flacons de même qualité.

87 — Bras-applique formé d'un plat en vieux Japon, avec monture en étain.

88 — Petit vase en forme de balustre, en ancienne porcelaine de Chine, décoré en émaux de la famille verte, à fleurs.

89 — Deux petits plats octogones en ancienne porcelaine de Chine, décorés en émaux de la famille rose, à figures au centre et marli rose à réserves de paysages.

90 — Deux assiettes de même qualité. Au centre, des canards ; au marli des divinités marines.

91 — Deux assiettes octogones en vieux Chine ; au fond, un écusson armorié, au marli, fleurs et oiseaux.

92 — Petit plat rond à bord côtelé, en ancienne porcelaine de Chine, décoré en émaux de la famille verte, à fleurs et oiseaux.

93 — Quatre assiettes en vieux chine, fond capucin et réserves décorées en rouge de fer.

94 — Deux jolis compotiers octogones, en ancienne porcelaine de Corée, avec figures, dans un paysage et fleurs au bord.

95 — Plat rond et creux, en vieux chine décoré de fleurs et d'oiseaux en émaux de la famille rose.

96 — Plat rond en ancienne porcelaine de Chine, décoré de fleurs, d'oiseaux et d'ornements en émaux de la famille rose.

97 — Plat à barbe en vieux chine, décoré de fleurs.

98 — Grand plat à bords festonnés en ancienne porcelaine de l'Inde, décoré de fleurs et petit plat rond et creux, en vieux chine, décoré de fleurs et de volatiles.

99 — Deux plats ronds en vieux chine, décorés de fleurs
en bleu.

100 — Trois plats ronds et creux, à décor bleu.

101 — Deux plats longs et creux, en porcelaine de l'Inde,
décorés de fleurs en bleu sur blanc.

102 — Cinq petits plats ovales de même qualité.

103 — Plateau à contours et à deux anses, en ancienne
porcelaine de Chine, à fleurs et oiseaux.

104 — Cinq plats ronds en vieux chine, décorés de fleurs
et d'oiseaux en bleu.

105 — Deux saucières à deux anses, à décor bleu.

106 — Six petits vases en vieux chine, à décor rouge.

107 — Deux petites jardinières rondes, avec plateaux, décor
bleu à fleurs arabesques.

108 — Trois tasses et quatre soucoupes en vieux chine, à
décor de style européen, à médaillons de personnages.

109 — Deux petites potiches et deux cornets en vieux
chine, à fond noir et décor d'or.

110 — Deux petites potiches en vieux chine, l'une à décor
bleu, l'autre à fleurs de couleurs.

111 — Deux petits plateaux octogones en vieux chine,
décorés en émaux de la famille rose, à figures et fleurs.

112 -- Théière et plateau à lobes, en ancienne porcelaine de
Chine, à fleurs et écureuils en relief et émaillés en couleurs.

113-117 — Trente-trois pièces : Plats, assiettes, etc., en
porcelaine de Chine, du Japon ou de l'Inde. Ce lot
sera divisé.

118 — Cinq assiettes en porcelaine de l'Inde, à personnages.

119 — Vingt assiettes en porcelaine du Japon, à décors
variés.

PORCELAINES DE SAXE ET AUTRES

120 — Jolie tasse avec soucoupe de forme arrondie, en
ancienne porcelaine de Sèvres, pâte tendre, fond bleu
à œils de perdrix et médaillons de paysages.

121 — Pot à crème, à une anse en ancienne porcelaine de
Sèvres, pâte tendre, et décoré de fleurs.

122 — Salière à trois places, en vieux Sèvres, pâte tendre,
décorée de fleurs et à filets bleus.

123 — Sucrier oblong sur plateau, en ancienne porcelaine
de Sèvres, pâte tendre, décoré de fleurs et à filets
bleus.

124 — Saucière à deux anses, de même porcelaine et de
même décor, avec bords à hachures bleues.

125 — Deux tasses de forme arrondie, avec soucoupes en
ancienne porcelaine de Sèvres, pâte tendre, décorées de
fleurs.

126 — Sucrier, couvercle et plateau à quatre lobes, en
ancienne porcelaine de Chantilly, décoré de fleurs de
style chinois.

127 — Trois pièces : deux pots à crème en vieux Mennecy
et moutardier en vieux Sèvres, pâte dure.

128 — Cafetière, théière et pot à crème en vieux Saxe, à
fond jaune et médaillons de fleurs.

129 — Plat rond à contours et à bord gaufré, en ancienne
porcelaine de Saxe, décoré de fleurs et de fruits.

130 — Deux assiettes en biscuit de Wedgwood, à figures,
attributs et fleurs réservées en blanc sur fond bleu et
violacé.

131 — Chope à couvercle, décorée d'un sujet chinois et d'insectes. Monture en argent gravé et doré.

132 — Vase à panse sphérique et col droit, en porcelaine de Berlin, à bandeau à décor d'or de style égyptien, sur socle cannelé.

133 — Deux socles en pâte tendre, fond bleu turquoise et trophées.

134 — Deux petits flambeaux en porcelaine de Mayence, décorés de fleurs.

135 — Deux cygnes en porcelaine d'Allemagne.

136 — Buste de Montesquiou, en biscuit de Sèvres.

137 — Petit groupe en porcelaine tendre de St-Cloud, composé de trois enfants et d'une chèvre.

138 — Deux boites formées de nids d'oiseaux, en porcelaine de Frankenthal.

139 — Six tasses avec soucoupes en ancienne porcelaine de Frankenthal, décorées de fleurs.

140 — Petit mouton debout, en porcelaine de Saxe.

141 — Deux petits perroquets sur tronc d'arbre, en porcelaine de Saxe.

142 — Statuette de berger debout, en vieux Saxe.

143 — Petite vache debout, en porcelaine de Vienne.

144 — Cinq assiettes, deux plats et une saucière en porcelaine de Frankenthal, décorées d'un vase au centre.

145 — Six assiettes en vieux Saxe, à bords gaufrés et décor de fleurs.

146 — Trois plats en vieux Saxe gaufrés, en relief, à cygnes et ornements.

147-150 — Dix plateaux variés de forme, en porcelaine de Saxe et autres.

151 — Cafetière et sucrier en porcelaine de Saxe, décorés de figures d'enfants dans des paysages.

BIJOUX

152 — Boîte formée d'un poussah en ancienne porcelaine de Chantilly.

153 — Porte-flacons en peau de requin, garni de deux flacons en cristal garnis en or. Époque Louis XV.

154 — Petite boîte en argent niellé, en forme de mandarine. Travail oriental.

155 — Petite boîte ronde et à côtes en argent, avec fond et couvercle ciselé à fleurs.

156 — Boîte carrée en émail de Saxe, décorée de personnages.

157 — Étui en vernis de Martin, décoré de médaillons, sujets champêtres.

158 — Étui en émail de Saxe, décoré de fleurs sur fond blanc, et formant lorgnette.

159 — Très petit étui décoré de fleurs et d'oiseaux, sur fond gros bleu.

160 — Flacon en forme de tête de palmier, en porcelaine de Chelsey.

161 — Boîte de forme oblongue et à contours, en ancienne porcelaine de Chelsey, décorée de fleurs. Monture en argent.

162 — Trois éventails à monture d'ivoire.

163 — Collier composé d'anneaux en cristal taillé.

164 — Boîte carrée en émail de Saxe décorée de fleurs et imitant la dentelle.

165 — Petite boîte ovale et profonde en émail de Chine décorée de figures et de fleurs.

166 — Boîte à deux tabacs, en agate d'Allemagne.

167 — Boîte longue en agate, montée en argent.

168 — Joli étui de forme cylindrique en ancienne porcelaine de Mennecy, décoré de fleurs.

169 — Béquille de canne formée d'une tête d'homme en ancienne porcelaine de Chantilly.

170 — Deux pipes en porcelaine d'Allemagne formées chacune d'une syrène portant un vase. L'une d'elles est montée en argent.

171 — Quatre pommes de canne, dont une en porcelaine de Saxe, deux en porcelaine italienne, et une en verre marbré.

172 — Grosse montre en cuivre gravé. Époque Louis XIV.

173 — Deux flacons plats en porcelaine de Saxe.

174 — Deux grandes boucles carrées en cailloux du Rhin.

175 — Deux petites boîtes en émail.

176 — Deux grandes paires de boucles de souliers pla-
quées d'argent.

177 — Petit couteau yatagan à fourreau en argent re-
poussé et manche gravé.

178 — Quatre boîtes diverses : deux en nacre, une en verre
opale, la dernière en poudre d'écaille violette.

179 — Six pièces : quatre en émail de Chine et deux bracelets en cuivre.

180 — Deux grosses bagues en cuivre.

181 — Miniature ovale signée Vernet : portrait de femme.

182 — Sept pièces diverses : boîtes, médaillons, etc.

183 — Dix couteaux ou fourchettes à manches en porcelaine tendre et autres.

184 — Collier en or avec plaque émaillée.

185 — Autre collier plus petit.

186 — Parure ornée de peintures sur émail noir.

187 — Parure en argent et pierreries, composée d'une broche et de pendants d'oreilles.

188 — Deux châtelaines, dont l'une en acier.

189 — Cinq pièces en ivoire : vierge, étui, poinçons, etc.

190 — Six pièces émail et autres : nécessaire, porte-allumettes, cachet, cuiller.

191 — Huit pièces en argent : fermoirs de livres.

192 — Neuf pièces analogues.

193 — Six miniatures diverses.

194 — Quatre boucles en stras en deux dimensions.

195 — Demi-parure nacre montée en argent doré.

196 — Deux pendants en argent et émail.

197 — Cinq pièces : bouton émail bleu et stras, broche en stras, boucle en cuivre émaillé et deux plaques de bracelets.

198 — Dix pièces diverses : boucles, bracelets, bagues, miniatures.

199 — Quarante-huit boutons en acier et autres.

200 — Trois paires boucles d'oreilles en stras.

201 — Vingt-six boutons en filigrane d'argent.

202 — Vingt-neuf boutons en nacre.

203 — Boîte ronde en écaille avec sujet de chasse en argent.

OBJETS VARIÉS

204 — Écritoire à trois godets hexagones, en émail de Chine, décorée de fleurs et d'ornements.

205 — Deux petits bustes en bronze : Voltaire et Rousseau.

206 — Vingt-sept pièces, verrerie de Venise et de Bohême.

207 — Grand lustre démonté en verre de Venise.

208 — Divers petits lustres hollandais en cuivre.

209 — Tableau ovale. — Portrait de femme, école française du temps de Louis XV. Cadre en bois sculpté et doré.

210 — Deux tableaux de fleurs. Cadres dorés.

MEUBLES

211 — Meuble d'entre-deux de forme contournée, en marqueterie de bois, à fleurs et à deux portes vitrées.

212 — Meuble à deux corps, en bois sculpté, de style fla-
mand.

213 — Armoire normande, en bois sculpté, à figures et ornements.

214 — Bureau plat Louis XVI, en bois de rose, avec quart
de rond en cuivre.

215 — Bonheur du jour, à cylindre, en bois d'acajou garni
de quelques ornements de cuivre. Epoque de Louis XVI.

216 — Bureau à cylindre, du temps de Louis XVI, en bois
d'acajou.

217 — Table de nuit en marqueterie de bois à fleurs.
Époque Louis XV.

218 — Grand scriban hollandais, en bois d'acajou.

219 — Petite table ronde en bois d'acajou, à dessus de
marbre, sur pieds cannelés.

220 — Petit meuble en bois de placage, formant vitrine.

221 — Deux petites encoignures étagères en marqueterie
de bois, à fleurs, sur fond de bois de rose.

222 — Petit modèle de cabinet, à tiroirs et table en bois clair et moulures noires.

223 — Glace en deux volumes, avec cadre en bois sculpté et doré à tore de laurier.

224 — Toilette Louis XVI, en bois d'acajou, à moulures de cuivre poli et pieds cannelés.

225 — Table à ouvrage, plaquée en racine de buis, avec tablette d'entre-jambes.

226 — Toilette Louis XVI, en marqueterie de bois à quadrilles.

227 — Petite console-étagère à côtés rentrants et cintrés, en bois d'acajou, à dessus de marbre. Époque Louis XVI.

228 — Table carrée, à angles arrondis, en marqueterie de bois, à fleurs. Travail hollandais.

229 — Grand meuble formant vitrine de même travail.

230 — Deux petits glaces, avec cadres en bois sculpté et doré à ornements découpés à jour.

231 — Table de nuit, en marqueterie de bois, à fleurs. Travail hollandais.

232 — Petit cabinet en bois noir, avec tiroirs garnis d'appliques en cuivre estampé et plaques émaillées.

233 — Table servante en marqueterie hollandaise.

234 — Petit cartel porte-montre en marqueterie de cuivre et écaille, garni de bronze.

235 — Coffret Louis XIII, à couvercle bombé, plaqué d'écaille.

236 — Grande glace avec cadre Louis XVI, en bois sculpté et doré.

237 — Glace analogue, mais plus petite.

ÉTOFFES

238 — Robe en soie bleue brochée, à fleurs et ornements. Époque Louis XV.

239 — Grand store en dauphine, à fleurs brochées sur fond blanc.

240 — Chasuble brodée en laine, à fleurs.

241 — Chasuble ornée de deux bandes de tapisserie au point.

242 — Trois gilets brodés du temps de Louis XVI.

243 — Deux jupes en damas, l'une bleu clair, l'autre jaune.

244 — Deux autres jupes Louis XV brochées à fleurs, l'une à fond bleu et l'autre à fond blanc.

245 — Robe en soie peinte à fleurs, sur fond blanc.

246 — Pluvial en très belle étoffe brochée à fleurs sur fond jaune. Époque Louis XIV.

247 — Diverses coupes d'étoffe ancienne qui seront ven-
dues par lots.

248 — Deux portières en damas vert ancien. Hauteur
1 m. 95 c.

249 — Chasuble en velours rouge. XVII⁰ siècle.

250 — Grande chape en lampas rouge et blanc, à beau
dessin. XVI⁰ siècle.

251 — Jupe Louis XV, brochée rouge et jaune. 6 m.

252 — Jupe Louis XV, brochée rouge et bleu. 5 m.

253 — Chasuble Louis XIV, ornée de belles broderies en
soie et or.

254 - Chasuble en velours grenat. XVI⁰ siècle.

255 — Feuille de coussin brodée or et soie. Époque
Louis XIV.

256 — Feuille de coussin brodée or et soie. XVI⁰ siècle.

257 — Tapis composé de quatre morceaux de velours
rouge et jaune. Époque Louis XIV.

258 — Grand coussin en lampas rouge et jaune, bordé de
franges jaunes. Époque Louis XIV.

259 — Chape Louis XV, en soie lilas et crème.

260 — Lot de galons Louis XIV, rouge et crème.

261 — Lot de galons Louis XIV, rouges.

262 — Lot de franges diverses.